UMMA, AHLES MENSCHE, LÄÄS MO WIRRE WOS VÄR!

UMMA, AHLES MENSCHE, LÄÄS MO WIRRE WOS VÄR!

Heiteres, Besinnliches und
Lehrreiches zum Vorlesen
Erzählt von Pfarrer Dieter Otto

Wartberg Verlag

Dieses Buch widme ich unserem Freund und meinem
30jährigen Weg- und Kampfgefährten Pfarrer Roland Welker
aus Besse sowie unseren Freunden Werner Gerhold
und Frau Roswitha, geb. Otto aus Niedenstein.
Diese Widmung ist verbunden mit einem herzlichen
„Dankeschön"
für so manches Gute, was sie uns getan haben.

Titelfoto: Georg Eurich, Lauterbach
Die Reproduktionen des „Struwwelpeter" wurden von
handkolorierten Frühdrucken hergestellt.

1. Auflage 1996
Alle Rechte vorbehalten, auch die des auszugsweisen Nachdrucks
und der fotomechanischen Wiedergabe.
Druck: Werbedruck Schreckhase, Spangenberg
Buchbinderische Verarbeitung: Hollmann, Darmstadt
© Wartberg Verlag GmbH
34281 Gudensberg-Gleichen, Im Wiesental 1
Tel.: 05603/4451 u. 2030
ISBN 3-86134-349-5

INHALT

Vorwort	7
Neue Geschichten vom Hänschen	
Wie heißt das Kind?	9
Was macht denn der Papa abends?	9
Die Störche sterben aus	10
Hänschen weeß sich zu hälfen	10
Das Hänschen leckt gern	11
Die Epistel ...	11
Hindernisse beim „Weggeessen"	12
„D'r Ohrme Hingerschden"	12
Hänschen wird nicht satt	13
Wer wird da aufgehängt?	13
Er weiß wie mans macht	13
„Hä hod uffgebassd"	14
Hänschen äs frech gewähn	15
Hänschen und de Melch	15
Hänschen un sinne Zünge	15
Das ohrme Hänschen	16
Der faule Kirchgänger	16
Hänschen ist charmant	17
Hänschen froochd d'n Porr	17
Hänschen sinne Hänge	18
Hänschen un de Uffklärünge	18
Hänschen biem Dogder	19
Das Mißgeschick	19
Von Knatzes un angeren Lieren	20
Hä äs froh	20
Die Männer	20

Die nächste Taufe	20
Der schwere Fall	21
D'r Hünger	21
Sie liebt nicht mehr	22
D'r Drichder	22
Die Oma sucht „ihr Brill"	23
Der fehlende Stuhl	24
Der Pfarrer in der Kneipe	24
„Wegen Renovierung geschlossen"	25
„Hä well sich erhohlen"	25
Der gute Geruch	26
Knatzes Jungfrau	26
Das Geburtstagsgeschenk	27
Theatergeflüster	28
Die böse Kuh	29
D'r Reismedich	29
Hä weeß, wo me de Gänse ufschniered	30
Auch eine Weihnachtsgeschichte	30
Metzer Dorfgeschichten	
„Ö d'r Parr soll noch sin Deel krichen"	34
„Hä iwwerdriewed's en bißchen"	35
„Hä wohr krang"	36
„Kehret um"	36
„Dröömgeschichde"	37
De Geschichde vom Rumbelstielzchen	38
Der Struwwelbeda	45
Zum gurren Schluss von dissem Buche	71
Mundartliche Passionstexte	75

VORWORT

Ich habe vor einigen Wochen einen Vortrag in einem Seniorenkreis gehalten. Die Laune wurde immer besser, die Nachmittagsmüdigkeit war fast verscheucht. Nur eine ältere Frau war mir dann doch weggerutscht „un ingenibbed". Nach einer Weile wachte sie auf, blinzelte mich an und sagte: „Ach, du, der Kerle äs je immer noch do", sprach es und schlief wieder ein.

Ja, ich bin immer noch da mit meinen lustigen Geschichten im niederhessischen Dialekt. Hiermit möchte ich den geneigten Lesern wieder einmal eine Winterarbeit vorlegen und hoffe, daß sie gut angenommen wird.

Besonders lieb wäre es mir - und das liegt mir am Herzen - wenn sich gerade die Großeltern wieder mehr mit ihren Enkeln über und in der Mundart unterhalten würden. So lautet meine Bitte an Umma und Ubba: „Schwadzes mo wirre bladde".

Deshalb auch der etwas lange und umständliche Titel.

So wie ich mich noch an meine Urgroßmutter erinnern kann und an ihre Geschichten und Erzählungen - auch an die meines Großvaters natürlich - so sollten sich eben auch die Enkel später noch gerne an ihre Großeltern erinnern.

Die meisten kleine Geschichten werden auch schon von kleineren Kindern verstanden und die haben bestimmt auch ihren Spaß - besonders an den Geschichten von Hänschen und an dem niederhessischen „Struwwelbeda".

So wünsche ich den Lesern viel Vergnügen beim Lesen und lautes und leises Lachen.

NEUE GESCHICHTEN VOM HÄNSCHEN

WIE HEIßT DAS KIND?

Als Knatzes Hänschen uff de Wäld kohmb, do hod hä von Ohnfang ohn als nur gegreschen. Sinne Ellern kunnden selden mo ne Stünge schloofen. Kümme hadde sinne Mudder enn dreechegelähd un ins Bedde gestobbed, do googede disses kleene Blägegesichde schun wirre.

On ehnem Sünndochnummidooche, do fohren Knatzes ähre Hänschen mo immehär, will sä minnen, doß enn de fresche Lofd miehre däde mahn. Do kimmed de ahle Dehwes Fröh imme de Egge: „Dos äs awwer gud, doß ich üch mo dreffe. Ich well mä doch mo üche Kend ohngugger. Ach, liewer Vooder, wos äs dis vär enn hibsches Kerlchen. Sowos hädde ich üch je gor ned zugedröchd. Es sid üchem ahlen Großvooder ähnlich - ich minne dän von Knatzes. Wie nenned dä dann nu ds Kendchen?"

„Dande," sprichd do druff d'r iwwermierede Vooder, „dos kimmed gänz druff ohn, welchen Nohmen dä wissen wulld: dän bie Dooche orrer dän bie Noochd!"

WAS MACHT DENN DER PAPA ABENDS?

Hänschen krichd von sinnem Vooder eene in de Ange, will hä heemlich on sinner Piffe gerööchd hadde: „Hänschen, loß de Fenger von minner Piffe, du suggelsd se me alle naß, un üsserdähme hosd du on minnen Sachen nix verlohren, merg dä dos vär alle Zieren!"

„Ach", sprichd dodruff nu d's Hänschen un äs beese, „un wos machesd du ooweds heemlich, wenn ich im Bedde liche un du mindsd, doß ich schun schloofe, hä?"

Nu äs d'r Ahle verlähn un froochd: „So, wos mah ich dann?" Dodruff d's Hänschen: „Du spählsd mid minner Iesenbohne."

DIE STÖRCHE STERBEN AUS

Dos liewe Hänschen lissd sinner Umma mo wirre üs d'r Zierünge vär. Sä äs je nu ö schun bie Johren un sid nid meh so rächd. Ach, liewer Vooder, wie 's doch zugid in disser Wäld. Nä, äs wohr doch frieher schinner in Woowern un iwwerhööwed.

D's Hänschen lissd nu de Iwwerschrefd: „Die Stöche sterben in Hessen aus."

Hänschen hild dodruff nu inne: „Umma, wie äs dann dos nu? Wenn's bahle keene Sterche meh giwwed, dann kunn sä ins je ö keene Kenge meh brängen un dann stärwen mä je üss!"

D'm Hänschen sinne Schwester äs dann doch schun so 'n bißchen wirrer wie hä un sprichd: „Hänschen, glööb meh, bis dohen hon se vär disse Sache bestimmed schun wos angeres erfüngen!"

HÄNSCHEN WEEß SICH ZU HÄLFEN

In der Schule spricht der Lehrer über die kalte Jahreszeit: „Im Winter finden viele Tiere hier in unseren Breiten keine Nahrung. Die einen halten Winterschlaf und die anderen ziehen gen Süden!" Hänschen hat mal wieder nicht aufgepaßt. Er mußte seiner Nachbarin, dem „diggen Mariechen", eine brandheiße Neuigkeit erzählen und der Lehrer hat es natürlich gemerkt: „Johannes, warum ziehen zum Beispiel die Störche im Winter nach Afrika?" Hänschen überlegt ganz kurz und spricht dann laut und deutlich: „Herr Lehrer, de Liere in Afriga wunn je nu ö mo Kenge hon!"

DAS HÄNSCHEN LECKT GERN

De Umma kööfd bie Hienersch en großen Mohrenkobb. Dos verwüngerd d's Mariechen un es froochd: „Na, Karline, ich denge du häddesd Zogger un jedzd dis Dengen?" „Nä, nä," sprichd dodruff de Umma: „dis Zoggerwerg hon ich vär inse liewe Hänschen kööfd. Wesde, Mariechen, hä legged bie ins doch immer so hibsch de Deller ob, doß ich se nid meh brüch uffzuwäschen!"

DIE EPISTEL…

In d'r Religionsstünge froochd d'r Parr de Kenge, ob sä nid wißden, wos 'ne Episdel wäre. Keener melded sich; es wohr je ö 'ne schwere Frooche.

Hänschen, als Jünge vom Metzer Parr, ärcherd sich, will hä sisden alles weeß. Dann awwer hod hä 'ne Erleuchdünge un melded sich: „Herr Kolleche, ich weeses, äs dann de Episdel verlichde de Fröh vom Aposdel?"

HINDERNISSE BEIM „WEGGEESSEN"

Hänschen hat ja immer Hunger. Die Oma wundert sich, was der alles so im Laufe eines Tages verdrücken kann. Das Wichtigste - neben dem Mittagessen - ist das Pausenbrot. Das muß sein; das muß reichlich ausfallen. Nun ist wieder mal Pause und Knatzes hatten geschlachtet. Die Oma hatte ihm zwei große Gehacktesbrötchen eingepackt und der kleine Freßsack hatte sich die ersten zwei Stunden schon so auf die Pause gefreut. Jetzt hatte es geschellt und dann aber nix wie raus.

Aber dann mußte Hänschen so ganz bitterlich weinen, daß die Lehrerin mitleidig fragte: „Hänschen, warum weinst Du denn so herzzerreißend?" Da klagte das Hänschen: „Ach, Frollein, de Umma hod mä zwäh gänz große Wegge mirre in de Schule gegähn, awwer ich kann se nid essen, will ich min Müll nid widgenüng uffkriche!"

D'R OHRME HINGERSCHDEN

De Dande froochd d's Hänschen: „Hänschen, kumm doch mo bie mich min Jünge un spräg mä mo, ob de ö immer hibsch aardich besd!" „Na, ja", seufzd do dos Hänschen, „ö nid immer." „Un", froochd de ahle Dande, „wenn de mo nid oordich besd, gids dann ö mo wos hingen druff uff'n Hingerschden?" „Dos glööwesde awwer", anged do dos Hänschen.

„Vom Babba?" - „Fesde druff."

„Ö von dinner Mudder?" - „Fesde druff."

„Un bie wäme did's dann nu am meerschden weh?"

„Bie mä, uff minnem Hingerschden", sprichd do dos Hänschen.

HÄNSCHEN WIRD NICHT SATT

De Umma äs nu mid d'm Hänschen mo no Kassel gefohren, doß hä von sinnen Ferchen ö mo wos hod als nur d's Gemache uff'm Kiwwewergchen. Nu sidzen se im Cafe uns Hänschen hod sin Stigge Dorde schun längesd uffgegässen. „Umma, spreg doch mo wos", blisberd d's Hänschen. „Kend, wos sall ich dann sprähn? Mä duhn de Fisse weh un de välen Liere mahn mich gänz schwimmelich, awwer dos wedde je nid heeren."

„Umma, spreg doch mo: Kend, wedde dann noch en Stigge Kuchen?"

WER WIRD DA AUFGEHÄNGT?

Die Kinder sollen in der Schule von ihren guten Taten erzählen. Hänschen weiß viel zu berichten: „Wenn minne Mudder große Wäsche hod, dann helfe ich ähr fesde mirre. Ich leche se in eenen Wäschekorb, dröö se uff'n Booren un dann häng ich se do uff!"

ER WEIß WIE MANS MACHT

D'r Parr well mid d'n Kengen in d'r Schule besprechen, wos 'ne Sünde äs. Hänschen kann glich dodruff wos sprähn: „Minne Umma hod gesd drei Stigger Kuchen gegässen un dann minde min Ubba druff: „Karline, hirre hosde awwer gesündichd"." Dr Parr well awwer uff wos angeres nüss un minde: „Sünde ist zum Beispiel, wenn Ihr Eure Eltern kränkt, wenn Ihr nascht oder böse Worte sagt, ungezogen seid oder ihnen gar Geld stehlt."

Hänschen sprichd: „Dos mah ich alles nid, ich hon ne wisse Wesde." D'r Parr well nu d'n Kengen zeechen, doß sä alle wos uff'm Kerbholz hon un well dos om Hänschen demonstrieren: „Hänschen, Du hast doch ein Sparschwein." „Jo, Herr Parr, dos hon ich." „Und, hast Du nicht schon mal versucht, mit dem Messer die Lasche beiseite zu schieben, um so an das Geld im Sparschwein zu kommen?" „Nä", sprichd do dos Hänschen, „nä, Herr Parr, dos hon ich noch nid versuchd, awwer die Idee äs gor nid mo so schlächd!"

„HÄ HOD UFFGEBASSD"

Hänschen hod mo uffgebassd in d'r Reljonsstünge. Als hä dann heemkoomb, do hod hä dann glich sinne Mudder gefroochd: „Mamma, äs es dann wohr, daß d'r Storch de kleenen Kenge brenged, un doß d'r liewe Godd vär inse Brod sorched?"

„Jo", sprichd do de Mudder, „dos wird dann wohl so sinn!"

Do wird's Hänschen gänz nohdenglich un sprichd: „Un, wozu brüchen mä dann noch insen Babba?"

Der Pfarrer erzählt in der Religionsstunde die Wundergeschichte, wo Jesus bei der Hochzeit zu Kana das Wasser in Wein gewandelt hat. Danach stellt sich eine lebhafte Diskussion ein, die in die Frage des Pfarrers mündet: „Was haben wohl die Brautleute gedacht, als ihnen der Heiland das Wasser in den Wein gewandelt hat?" Hänschen denkt wieder einmal angestrengt nach und spricht dann: „Sicher hon sä gedoochd, „Dän kinnde me bahle mo wirre inlohren"!"

HÄNSCHEN ÄS FRECH GEWÄHN

Hänschen wohr mo wirre frech gewähn un sin Vooder hod enn geschlohn, immer uff'n Hingerschden druff: „So, du Huddich, weesde jedzd ö, worimme du de Schmisse gekrechd hosd?" Hänschen krischd üss Leiweskräfden: „Umma, hälf mä doch, min Vooder schlid mich als un weeß noch niddemo worimme!"

HÄNSCHEN UN DE MELCH

Hänschen", sprichd de Umma, „bass mo grohre uff de Melch uff wann se kochd, ich muß schnelle mo in d'n Stall un guggen wos do loose äs, de Kiwwe googen als." Hänschen gid in de Kiche un bassd uff de Melch uff. Als de Umma wirre üss'm Stalle ninnkimmed, do richd sä schun uff'm Hüssheeren, doß in d'r Kiche wos bassierd äs. Sä machd'n Satz vär'n Häärd, wo d's Hänschen dreu awwer undädich d'r Melch zugigged, wie sä als iwwerschimmed. „Hänschen, du Huddich, ich hon dä doch geheesen, du sad uff de Melch uffbassen, wann sä iwwerkochd." „Hon ich ö gemachd", verdeidichd sich do dos Hänschen. „Umma, äs wohr genau imme 11.00 Uhre!"

HÄNSCHEN UN SINNE ZÜNGE

Hänschen gid mid sinner Gorrel, die es üs Woowern un kennd de Liere in Medze nid, spazieren. Do kimmed enn so'n Mann entgehn un d's Hänschen stregged emme de Zünge rüss. Do sprichd de Gorrel: „Hänschen, du Huddich, dos machd me doch nid un stregged angeren Lieren de Zünge rüss!" Do sprichd d's Hänschen: „Bie däme deff ich dos. doß äs nämlich inse Dogder!"

DOS OHRME HÄNSCHEN

Verlichde sin mä doch en bißchen zu strenge mit insem Hänschen", sprichd de Frau Knatz om Oowed vär ähren Mann. „Als mä gesd' im Lohren inkööfen wullden, do froochd de ahle Meierschen: „Kend, wie heesesd du dann?"
Do hod doch inse Hänschen druff geändwordet: „Hänschen, laß das!"

DER FAULE KIRCHGÄNGER

D's Hänschen äs je nu ö in d'r Konfirmadenstünne un hä muß nu öfders dann sünndoochs in de Kerche gin. De Umma gid je jeden Sünndooch nín, wenn ö de ahle Dibbelschen mänchesmo kned: „Karline, wos wed du dann schun wirre in de Kerche gin? Du wed wull heilich wären, wos?" Awwer de Umma lißd se alle kedscheln un gid dreu un brav jeden Sünndooch in de Kerche. Eemo kimmed sä un's Hänschen üs d'm Goddesdiensd un d'r Ubba froochd so näwenbie: „Na, dä zwäh, wos hod dann d'r Parr hirre alles gesähd?"
Do wird de Umma gänz adzelich un sprichd: „Hä hod in sinner Prärichde gesähd, doß so ahle Glööwese wie du eener besd nid so väle froochen, dovär liwwer sälwer nin gin sillden!"

HÄNSCHEN IST CHARMANT

D'r Schulrood wohr mo wirre do un hadde de Kenge in d'r zwedden Klasse üsgefroochd. Awwer, will de Kenge ähre Lehrerin gärne hadden, strengeden sä sich ohn un wußden väle. Zufrerre sprichd nu d'r Schulbiwwerschde: „Ihr habt aber wirklich eine liebe Lehrerin. Was meint Ihr eigentlich, wie alt sie ist?"

Hänschen melded sich: „Ich glööwe, Herr Schulrood, sä äs so imme de Sächzich!"

D's Frollein äs in d'r Mirre von d'n Drissichern un wird so'n bißchen blaß imme de Noose. Dis hod dann ö d's Hänschen gemerged un sprichd vär sä, als d'r Schulrood gegin wohr: „Frollein, ich hon's je gor nid so gemind. Du besd doch gor noch nid so ahld.Du sisd nur so üss!"

HÄNSCHEN FROOCHD D'N PORR

Knatzes Hänschen froochd im Kennergoddesdiensde d'n Porr: „Herr Porr, kenned dä dann d'n Üngerschied zwischen 'ner Drombede un eenem Sagg Zemend?"

Herr Porr verneind: „Hänschen, du bist so ein richtiger Schelm. Ich kenne den Unterschied nicht, aber wie ich dich kenne, wirst du ihn mir gleich verraten."

„Do ben ich dä gud d'rvär", sprichd d's Hänschen, „wenn dä d'n Üngerschied zwischen 'ner Drombede un eenem Sagg Zemend wissen wulld, dann missed dä mo ninbloosen!"

HÄNSCHEN SINNE HÄNGE

Hänschen kimmed mid gänz dreggerichen Hängen in de Schule. Hä hadde uff'm Hinwäche im Bache geknedschd. Als enn de Lehrerin soog, do wurde sä gänz beese: „Hänschen, pfui Teufel, was hast Du schmutzige Hände, schäm Dich aber; so kann man doch nicht in die Schule kommen!" Hänschen gugged de Lehrerin gänz vergniechlich ohn un sprichd: „Do missdesde awwer irschdemo minne Fisse sähn!"

HÄNSCHEN UN DE UFFKLÄRÜNGE

D's Hänschen äs je nu ö in d'm Ahler, wo es dann Zidd wird vär de Uffglärünge. Bie Knatzes schiewed's jeder uff'n angeren. D'r Ubba kned bie sinner Fröh: „Karline, mä sin ö nid uffgeglärd worren un hon inse Deel ö gewußd un gegrechd!" „Ahler Gloowes", sprichd dodruff de Umma, „mä lääwen nid meh frieher, mä lääwen hirre un do murren de Kenge uffgeglärd wären. Eechendlich mißden dos je sinne Ellern duhn, awwer die sinn je ö so feiche wie nur wos. Also, ich well dis Dengen mo wirre in minne bewährden Hänge nemmen!" De Umma worded ne gurre Gelächenheed ob, wo sä d's Hänschen mo alleene erwischd un finged so ohn: „Hänschen, min Schädzchen, du hosd doch bestimmd in d'r Schule schunn mo so'n bißchen wos vom Uffglärüngsüngerichde mirrekrechd." D's Hänschen nigged mid'm Kobbe un de Umma finged wirre ohn: „Un do well ich ...."

Do üngerbrichd sä d's Hänschen gänz dreeche: „Umma, nu schwadz nid immen heesen Brei rimm un spreg mä klibb un kloor wosde doriwwer wissen wed!"

HÄNSCHEN BIEM DOGDER

Inse Hänschen hadde mo Büchweh, will hä so väle griene Äbbel geklaud un ö gegässen hadde. Wie minne Fröh äs, värsichdig un genau, nimmed sä dos Kend un gid bie insen Dogder. Hänschen sidzd nu in d'r Sprechstünge un do sid hä so'n Geribbe: „Der menschliche Knochenaufbau".

Hänschen froochd nadierlich glich: „Dogder, wos äs dann dos vär'n Dängen?" D'r Dogder dodruff nu: „Hänschen, das sind die Knochen eines Menschen." Hänschen wie üs d'r Bisdole geschossen: „Ich dochde, dos wär din Ersatzdeillacher!" Un dann noch no n'r kleenen Wille: „Wenn dos de Knochen vom Menschen sinn, kimmed dann nur d'r Spegg in' Himmel?"

DAS MIßGESCHICK

Hänschen kimmed no sinner Umma un fräched: „Umma, stobbesde liwwer orrer wäschesde liwwer?" „Ach Kend", sprichd dodruff nu de Umma, „irchendwos hosde doch wirre ohngestalld, dos säh ich dä doch on d'r Noosenspidze ohn. Also, wenn ich zwischen stobben un wäschen wählen kinnde, dann dähde ich liwwer stobben, will mäh biem Wäschen immer de Fisse so weh dunn. Also, wos äs, worimme frächedsde dann?" Do sprichds Hänschen: „Sisde, Umma, ich honn's doch wirre richdich gemachd. Inse kleenes Mardchen hod in de Hoose geschässen un do honn' ich's eenfach mid d'r Scheere rüssgeschnerren!"

VON KNATZES UN ANGEREN LIEREN

HÄ ÄS FROH

D'r ahle Meier wohr je nu ö no langem Gepudche un Gehimbere heemgegin. Sinne Fröh, d's Mardchen, gresch als un schnubbede sich ins Daschenduch. Dogsdruff koomb d'r Henner von d'r Suhren Gasse un machde sinnen Druhrbesuch. Nu wohr vär laangen, laangen Johren, als sä noch jüng wohren, d's Mardchen mid d'm Henner bahle mo verloowed gewähn. Awwer sinne Mudder wull nid, doß sä fricheden, will es 'n ohrmes Mensche wohr un sä hadden doch en Kiwwekrembel. Do kunnde me nix mahn un sä sin dozemoh üss'nanger gegin. Nu saß d'r Henner bie sinner Juchendliewe un sprog gänz bedräbbeld: „Sisde, Mardchen, eenesdeels äs es je gänz gud, doß me dozemoh nid gefriched hon; sisden währe ich jedzd dood."

DIE MÄNNER

Es sprichd de ahle Meierschen vär de Umma: „Karline, wos hon mä Fröhn doch vär ne Lasd mid d'n Männern. Am Ohnfange fallen se ehme vär de Fisse, dann im'n Hals un d'r ledzde uff de Nerven!"

DE NÄCHSTE TAUFE

Meiersch in Spriedorf hadden schun nien Kenge. Sä hadden en großes Hüss un väle Stuwwen, un die sullden je voll wären. Als nu d's zähnde Kend ohnkomb, do sulls je dann nu ö no'n boor Wochen gedööfd wären. Als dann während d'r Dööfe eens von d'n Kengen als kresch, ranzde es d'r Vooder ohn: „Mariechen, wenn de jedzd nid stille besd, dann kimmesde im nächsten Joohre nid wirre mirre in de Kerche!"

DER SCHWERE FALL

D'r Bruurer vom Ubba lichd schwer un sä hon keene Hoffnünge meh. Do sprichd d'r Ubba: „Mä murren enn doch no mo besuchen. Nohär heesd's dann: „Sä wohren noch nidde moh do"! Sä fohren dann ö no Spriedorf un fängen d'n Krangen in gänz schlächder Verfassünge vär. De Üngerhahlünge ziehd sich un schlebbed sich, will sä sisden ö nid väle Worde gemachd hon. Am Schluß dann vom Krangenbesuche sprichd d'r Ubba vär sinnen Bruurer: „Nu mags gud, Kurrod, ahler Bursche, bis dann uff dinner Liche!"

D'R HÜNGER

D'r ahle Knatz wohr laange Zidd in Woower Kasdenmeesder un hadde so väle mit d'm Porr zu duhne. Nu wohr hä dann ö mo ingelohren bie Porsch un d'r Oowed zoog sich un zoog sich. Hä, d'r Knatz, mußde als gähnen un d'r Porr schwadzde un schwadzde. Do froochde dann doch de Porschen: „Herr Knatz, ist Ihnen denn langweilig bei uns? Sie gähnen ja in einem fort hin!" Dodruff nu d'r Knatz: „Godd, Fröh Porschen, langwillich es mäh eechendlich nid, es wird wull d'r Hünger sinn!"

SIE LIEBT NICHT MEHR

„Ach, Godd im Himmel", anged d'r Henner, „minne Fröh hod mich nid meh'n bißchen gärne." „Wohär wedd du dann dos wissen", froochd d'r Schorsche. „Ach, weesde, gesd' ben ich doch inse Kellerdrabbe nüngergesterzd. Es gob en Donner un en Krach un schun loog ich üngen." „Un", froochd do gänz uffgerechd d'r Schorsche, „do äs sä doch glich kummen un hod no dä gegoggen un hod dä uffgehulfen?" „Piffendeggel - un hod mä gehulfen. Dos äs es je gerohre. No niddemo äs sä üs ährer Kiche nüsgekummen. Sä hod bloß gegooged: ‚Wenn de schun üngen besd, dann breng glich mo 'n boor Äbbel mirre nuff!'"

D'R DRICHDER

Knatzes wohren mo bie ährer ahlen Frindschafd in sonem Dorfe in d'r Schwalme ingelohren. Es wohr ne mieseeliche Fohrd iwwer de Derfer mid d'r Scheese. De Umma hadde vom Hin- un Härgerumbele lürrer blooe Fleggen om Hingerschden krechd. De Frindschafd freite sich un dischde uff, wos de Spiesekammer nu so härgob. Nu güng's schun uff de Meddernoochd zu un äs wurde Zidd, doß me ins Bedde wull. Knatzes sullden in d'r Kammer schloofen, die hinger d'r gurren Stuwwe loog. D's Beddewerg wohr schun lange fresch uffgezohn, mä hadde vär alles gesorched. Nur eens machde Knatzes dann doch zu schaffen un sä druggsden als, bis sich de Umma dann doch 'n Herze paggede un sprog: „Annemorde, du mußd ins 'n Dibbchen ons Bedde stellen, wenn me hirre Noochd mu uffmurren." „Ach, du liewes bißchen", sprichd do de Fröh, „dodrohne hon mä nu nid gedoochd. Mä hon nur eens, awwer dos brüchen mä sälwer. Wos mahn mä dann nu? Ach, weesde wos, mä stellen üch eenfach ne Flasche ohns Bedde."

„Besde dann verregd", sprichd dodruff d'r Ubba, „ne Flasche gid bie mä verlichde noch, awwer wos mahn mä dann, wenn es mo uff muß?" „Ach", sprichd dodruff de Fröh, „värs Karline stell ich en großen Drichder d'rbie!"

DIE OMA SUCHT „IHR BRILL"

De Umma hod so wehe Fisse, doß sä's noochds im Bedde kümme üsshild. Nu well sä bie'n Dogder, där sall är Schmärwerg verschriewen, wos immer so gud hilfd. De Umma sidzd im Wordezimmer un strigged un worded druff, doß sä uffgerufen wird. Do kimmed des Dengen, wos immer de Rezebde uffschriewed un sprichd: „Der Doktor ist zu einem Notfall gerufen worden. Sie müssen jetzt eine Weile warten!"

De Umma lächeld frindlich. Dos Määchen googed noch lührer: „Der Doktor ist zu einem Notfall gerufen worden, es kann länger dauern!" De Umma reagiert gor nid un lächeld: „Jo, es wird bahle Härwesd, mä klummern den Fisse. Deshalb ben ich je hie. Kumm ich dann bahle drohn?" Dos ohrme Määchen nimmed en Kulli un en Babierchen un schriewed's d'r Umma uff un hilld är d'n Zeddel ünger de Noose. Sä suchd nu in ährer Händdasche d's Brill, muhsd hin un här un fenged 's nid, schiddeld d'n Kobb un sprichd: „Määchen, jidzden hon ich dummes Oosd doch min Brill vergässen; sig ogger so gud un läs 's mä vär!"

DER FEHLENDE STUHL

Die Oma war mal bei Pfarrers eingeladen. Am Anfang wurde Sekt gereicht, den man im Stehen trinken sollte. Der armen Frau aber taten die Füße weh und sie hätte sich gern gesetzt. Leider war kein Stuhl da. Da kam Herr Pfarrer charmant und galant: „Na, Frau Knatz, haben Sie denn nichts zum Sitzen?" „Doch",spricht die Oma da sehr schlagfertig: „Herr Porr, wos zum Sidzen hon ich je, wos mä fähld, dos äs 'n Stuhl!"

DER PFARRER IN DER KNEIPE

D'r Ubba wohr je nu lange im Kirchenvärstand in Woowern gewähn un hadde so manchen Porr erlääwed. Jeder hadde so sinnen eechnen Rabbel gehad un alle wohren derch de Bange schwer zu nähmen gewähn. Biem ledzden awwer,do hadde d'r Ubba dann keene Loosd meh. Disser wull d'n Rood von so'nem ahlen Kerle nid meh heeren un schlug alle gurren Värschläche in d'n Wend. Bie däme kunnde me dos Sprichword ohnbrengen: „D'r liewe Godd weeß alles, awwer inse Porr weeß alles besser!"

Nu hadde d'r Ubba de Sechel gestrechen un wohr mit Wud im Büche von d'r Kirchenbiehne obgedrähren. „Sä kunn mich alle mo gärne hon, disse schworzen Kerlen." Nu hadde d'r Ubba Gebuchdsdooch un de ahle Frindschafd von Zennern un Horle wohr do. Es güng bis no Meddernoochd un uff eemo wohrsch Bier alle. D'r Ubba wußde, doß bie Hienersch immer noch imme disse Zidd währ uffe wohr un rief ohn: „Hallo, Mariechen, besd dus dann? Heere mo. Loß dinnen Jüngen mo 'n Kasden Bier brengen!" Awwer hä, d'r ahle Kerle, hadde sich verwähld: „Hallo, Herr Knatz, sind Sie's? Hier ist Pfarrer Schulze, was wollen Sie denn so spät noch von mir?" D'r Ubba wohr in Rasche un krichde de Zusammenhänge nid mirre. „Wär es do? D'r Porr? Dos äs je inderesand. Kunnd dä mä dann mo sprähn, wos d'r Porr imme disse Zid noch in d'r Kneibe zu suchen hod?"

WEGEN RENOVIERUNG GESCHLOSSEN

Karle, dinne Fröh äs je so stille. Sisden schwadzd se doch alszu!"

„Schwig stille, doß sä's nid hirrd. Es äs je schlemm genüng. Sä wohr hirre biem Zohnarzde un hod sich on ähr Gebiß een Zohn drohnschweesen lorren, will sä sich dän üssgebessen hadde biem Ahle-Worschdessen. Nu kann sä sich diss Dengen irschd moin wirre obhullen. Sisde, un deswähn hild sä's Müll!"

„Karle, do kinndesde doch dinner Fröh en Schild immen Hals hangen: ‚Wegen Renovierung geschlossen!'"

HÄ WELL SICH ERHOHLEN

De Umma un d'r Ubba sidzen ooweds hibsch biem Fernsehen un d'r ahle Cloowes gigged gänz genau zu, wie de jüngen Denger do uff n'r Biene rimhärhibben. De Umma kimmed ins Griewuln: „Karle, du ahler Schmeggefuchs, wos giggesde dann nur als so engen zu? Disse Hibbemenscher sin nix meh fär dich!"

Awwer d'r Ubba äs wie gebannd un wenged keenen Bligg vom Bilde. Do anged de Umma vär sich hin: „Disse Kerlen, äs es doch eener wie d'r angere. Ach, Karle, wenn ich mo stärwe, dann wirschde mich bahle vergässen hon. Verlichde frichesde je dann ö glich wirre!" Do wird d'r Ubba hellherich, will hä je doch mid eenem Ohre mirre gehurrd hadde un sprichd: „Karline, ich währe dä wos piffen un wirre frichen. Wenn du vär mä stirwesd, dann well ich mich irschdemo so richdich erhohlen!"

DER GUTE GERUCH

De Umma un de ahle Dibbelschen hon vär laangen Johren mo vär Chresddooche de Gäänse no Kassel uff's Moord broochd. Sä hon se dann ö alle verkööfd, sogoor Dibbels Heggegans sin se losworren un de Dibbelschen sprichd: „Wär die in de Panne krechd, där muß gurre Zähne hon!" Von däme wos sä ingenummen hadden, wullen sä nu Chresddoochsgeschenge inkööfen. Sä hädschelden nu so iwwern Keenichsblatz un vär än güngen zwäh Kasseläner Damen. Disse hadden son hibsches Veilchenparfüme ohn sich un inse zwäh Woowerschen Buhrschfröhn schnubberden die „Frühlingsdüfde" in. „Karline", sprichd do de Dibbelschen, „rich doch mo, wie feine die richen." Do sprichd de Umma: „Weesde, de Stoodwiewer die essen ö gänz angerschder als mä vom Dorfe!"

KNATZES JUNGFRAU

Als d'r Ubba vär bahle 60 Johren sin Karline gefriched hadde, do wohren de Sidden un Gebräuche noch angerschder als hirre. Do wohr d'r Porr noch wär un ö d'r Lehrer. Do wurde uff Sidde un Ohnständ gegoggen.
Als nu d'r Ubba un de Umma frichen wullden, do mußden

se je nu ö bie'n Porr zum Gespräch. Es wohr dozumoh noch so'n ahler Kerle, där noch gänz un gor uff de gurren christlichen Sidden achdede. Wenn bie d'n Brüdlieren schun wos üngerwächens wohr, dann defde d's Määchen keenen wissen Schleier dröhn, dann wurde ö nid gelüd, wenn d's Brüdpoor in de Kerche güng un es defde keene Musigge spählen. Es wurde nur Kaffee gedrüngen un dann wohr'sch Fesd schun gehalen. Nu froochd d'r Porr: „Meine liebe Karoline, darf ich dich denn in der Trauansprache als „Jungfrau Karoline" ansprechen?" Dodruff senged d's Karline de Ööchen un sprichd: „Jo, Herr Porr, mä hon ins zeriggehahlen, ö wenn's emme schwer gefallen äs. Ich hon immer gesähd," Karle, mä worden, bis me verfriched sin!" „Das ist brav, Karoline. Es gibt doch für unseren Herrgott nichts Schöneres, als wenn eine Braut unberührt in die Ehe geht!" Do sprichd d'r Karle: „Herr Porr, spreched mä imme Goddes Willen nix von d'r Jungfrau; ich mißde mich je schämen vär allen minnen Gumbanen!"

DAS GEBURTSTAGSGESCHENK

De Umma kimmed mo in Kassel in een Geschäfd: „Guten Tag, meine Dame, was kann ich für Sie tun", kimmed glich eene Verkäuferin. „Also, Määchen, ich well fär minnen Mann en Gebuchdsdoochsgeschenge hon. Ich weeß nur nid, wos ich emme schenge. Eechendlich hod hä je keens verdinnd, will hä mich immer udzd un hochnimmd. Awwer, ich well nid so sinn un kööfe emme wos; wenn ich nur wißde, wos?"

Do mind d's Verkööfsmensche: „Vielleicht einen Schirm?"

De Umma: „Hod hä; lißd disser Bloosenkobb nur immer hangen un ich kann dann nur als iwwerlähn, wo hä'n stinngelorren hod."

„Vielleicht einen Spazierstock?" De Umma: „Mißde hä hon, will hä so hädschelich gid, awwer hä äs je so ierel. Es kinnde enn jo währ druff ohnschwadzen. Hä well doch noch als wie'n jünger Bursche sinn un hod de siwwezich schun uff'n Buggel. Määchen, frich bloß nid, mid dissen Kerlen hosde nix als Ärwed un Ärcher."
„Vielleicht ein paar Taschentücher?"
De Umma: „Brüchd hä ned, hä hod doch sinne Fenger. Weesd dann wos? Ich schenge emme Kaffee, do honme alle zwäh wos vonne."

THEATERGEFLÜSTER

In Woowern hadde d'r Besucherring mo wirre ins Deader ingelohren. Dozemo fuhren mä noch mid'm Busse jeden Monad eenmo.

Henner uns Dringchen fuhren jedesmo mirre un wullen so numo von ährem Lääwen wos hon, will sä genüng geärwered hadden.

Es gob „Freischütz" von Weber - eene laange romandische Ober. No d'r feurichen Ovendüüre wohr hä dann doch bahle ingenibbed, will sä on dissem Dooche Aggergardüffeln geläsen hadden un emme de Knochen weh daden.

Sä haddes Striggewerg rüsgehuld un wor am Maschenzällen. De gurre Luise Stark, sä ruhd sich je nu ö schun vääle Johre, wohr gänz perblex un froochte leese: „Aber Frau Meier, daß Sie jetzt stricken können bei der Musik?" „Ach", sprichd do d's Dringchen, „dos bißchen Musigge stehrd mich eechendlich nid un Lichd brüche ich ö keens, ich weeß d's Musder üs'm Kobbe, zwäh rechts, zwäh lings, zwäh fallenlorren!"

Dann awwer koomb doch Bewächünge in disse Idylle. Es

speehlde d's Orchesder die „Wolfsszene" mit Donner un Blitz, es krachde un schmedderde. D's Dringchen sprichd vär d'n Henner, där von dissem Gedohwe munder worren wohr: „Henner, hoffendlich hon mä d'rheeme de Fensder alle zugemachd, doß es ins nid ninnrähnd!" Un dann blisberd sä d'r Frau Stark ins Ohre: „Dis Wedder hadde ich in' Knochen!"

DIE BÖSE KUH

Knatzes Ongel kimmed mo im Härwesd bie Hellwichs, un de Dande Dringchen gigged enn gänz verwüngerd ohn: „Schorsche, worimme hosd du dann nur son digges bloes Ööche? Gugg doch mo in'n Spichel, es äs je gänz geschwollen un bludüngerlööfen. Wos hosd du dann gemachd? Hosd du dich dann in dinnen ahlen Doochen mo wirre in d'r Werdschafd geschlohn?" Dodruff nu d'r ahle Knatz: „Dos wohre mo, Dringchen, disse Zieren sinn schun lange verbie. Wesde, mä hon doch dis eegeliche Rend, wos als so üsschlidd. Dis Oosd kann ich je nur melgen. De Fröhn hon Angesd vär dissem Gewidderdengen. Nu blieweds je bie mä stinn, awwer es hod mä als d'n Schwänz imme de Schnudde geschlohn. Jo, do hon ich emme dann 'n Bagsteen drohngehangen - un dann dä!"

D'R REISMEDICH

Kantzes Umma un de Dibbelschen angen sich gechensierich als vär, wer nu von enn d's Reismedich schlemmer hod: „Ach, Karline", sprichd de Dibbelschen, „es ziehd mä doch als d'n Buggel nuff un rob. Ich kinde verregt wären. D's eenziche wos mä noch hilfd äs Petroleum!" Dodruff nu de Umma: „Ach jo, Mariechen, dos hon ich je ö schun prowierd, awwer ich kann's je nid meh nemmen. Ich kriche als so Sodbrennen druff!"

HÄ WEEß, WO ME DE GÄNSE UFSCHNIERED

Der alte Studienrat Meier macht Kur in Bad Gastein. Da trifft er eines Tages einen ehemaligen Schüler von ihm und er traut seinen Augen nicht: großes Auto, flotte Ehefrau, bildhübsche Tochter, alles vom Feinsten an und um ihn herum.Herr Meier wird von einer seltsamen Rührung übermannt: „Ja, ist es denn die Möglichkeit, Herr G. sind Sie es?" Richtig, er ist es. „Sie haben es wohl gepackt. Was machen Sie denn jetzt beruflich? Und im Vertrauen, in der Schule waren Sie ja nun nicht einer von den Besten, Sie wissen ja, gerade die Mathematik war nicht Ihre Stärke!"

„Ach, Herr Meier, mir geht es blendend, großes Haus, Hütte in Gastein, tolle Autos - alles vom Feinsten. Ich handele mit Schrauben, wissen Sie, An- und Verkauf. Also das Prinzip ist so einfach wie gut: Ich kaufe zum Beispiel eine große Schraube für 5,00 DM ein, verkauf sie für 15,00 DM, und von diesen 3% da lebe ich!"

AUCH EINE WEIHNACHSGESCHICHTE

Johannes - genannt Hänschen - wünscht sich zu Weihnachten eine Spielzeugeisenbahn.

Er hat seine Vorstellungen und schreibt einen Wunschzettel: „Liebes Christkind. Ich wünsche mir zu Weihnachten eine große Holzeisenbahn, so eine, wie ich sie im Ratio gesehen habe."

Eine Woche vor Weihnachten fährt Hänschen mit den Großeltern in ein Warenhaus nach Kassel und sieht in der Spielzeugabteilung eine elektrische Eisenbahn mit Bergen und Tälern und Tunnel usw., die Holzeisenbahn verblaßt natürlich gegen dieses Modell: „Wunderwerk der Technik". Er zerreißt den ersten Wunschzettel zu Hause und schreibt einen neuen: „Liebes Christkind. Ich wünsche mir zu Weihnachten die große elektrische Eisenbahn im Kaufhof!" Die Eltern warnen: „Das Christkind hat nicht so viel Geld, um jedem Kind eine solch große Eisenbahn zu schenken. Das Christkind muß doch allen Kindern etwas bringen. Also, versteif dich nicht so auf die elektrische Eisenbahn usw.". Kurz vor Heiligabend fährt Hänschen mit den Großeltern nach Gudensberg um noch Stollen im Bäckerladen einzukaufen. Während Oma mit der Verkäuferin schwatzt, staunen Opa und Hänschen über eine große Krippe, die im Laden aufgestellt ist. „Opa, guck doch, eine Krippe. Erklär mir mal, wer das alles ist." Und der Opa erklärt: „Das Christkind, Maria und Josef, die Eltern vom Christkind, die Hirten, die drei Könige usw." Während nun Opa bezahlen muß und Hänschen alleine vor der Krippe steht, kommt ihm eine blendende Idee. Er steckt Maria und Josef mit einem „Schwupp" in die Taschen vom Anorak und guckt dann ganz unschuldig die Großeltern an: „So, jetzt können wir nach Hause fahren." Dort angekommen, schreibt Hänschen einen dritten Brief: „Liebes Christkind. Du weißt doch, daß ich mir die elektrische Eisenbahn vom Kaufhof wünsche. Meine Eltern aber meinten, daß du es mir nicht schenken könntest. Also, sollte ich nun diese wunderschöne Bahn nicht bekommen, dann siehst du deine Eltern nie wieder!"

METZER DORFGESCHICHTEN

Von meinem Vorvorgänger, dem lustigen Herrn Pfarrer Hans Salzmann, wird berichtet: In jedem Konfirmandenjahrgang hat er den Kindern erklärt, wie ein richtiger Sockenhalter zu sitzen habe und er hat das dann auch am eigenen Beine demonstriert. Wenn es soweit war, dann kam das Kommando:

„Die Jungen gucken hierher und die Mädchen gucken an die Wand!"

In jedem Jahrgang kam irgendwann dann auch die Frage von Herrn Pfarrer Salzmann nach dem schönsten Jungenname. Und dann waren sie schon vom vorigen Jahrgang „geimpft" worden: „Der schönste Jungenname ist Hans, Herr Pfarrer." So war es dann auch wieder: „Was ist der schönste Jungenname?" Es scholl im Chor: „Hans, Herr Pfarrer!" und in die nachfolgende Stille kam noch eine Antwort vom Konfirmanden H.: „Hans heesen alle Ossen!"

Von diesem Konfirmanden wird erzählt, er sei immer zu lustigen Streichen aufgelegt gewesen. Einmal ging der Lehrer mit der Klasse Richtung Kirchberg ins Feld. Dort sollte unter freiem Himmel Natur pur gezeichnet werden. Konfirmand H. hatte aber keine Lust. Er umklammerte alle seine Holzbuntstifte und machte wütende Kreisbewegungen auf seinem weißen Blatt. Es entstand ein farbenfrohes, documentareifes Gemälde. Auf die Frage des Lehrers, was das denn darstellen sollte, antwortete H.: „Haddamar brennd!"

Ein Metzer Original war Tante Anna. Sie sagte meist alles, was sie sich dachte und wußte alles, weil sie an sehr zentraler Stelle in Metze wohnte: „Kummed mo här, wo wohned dä dann?" Tante Anna war - so lange sie noch konnte - Mitglied des Metzer Frauenkreises. Einmal waren die Frauen in ein Schwälmer Kirchspiel zum Nachbarschaftstreffen eingeladen. Mit frohen Gefühlen und in bester Stimmung ging man auf Reisen und der Empfang war herzlich.

Als wir in das Dorfgemeinschaftshaus kamen, stand da eine Torte neben der anderen. Tante Anna war sehr ergriffen: „Herr Parr, gugged doch mo do, wos die ins geehrt hon, so väle Kuchen un Dorden hon sä gebaggen. Godd sei Dang, doß ich gest bim Zoggertesd wohr, do kann ich hirre awwer fesde zuschlohn!"

Ein paar Wochen später war wieder eine Fahrt fällig. Diesmal ging es nach Kassel. Wiederum hatte eine Kirchengemeinde eingeladen. Die hatten auch ein schönes Programm, aber eben keine Tortenpracht. Es gab Teilchen vom Bäcker. Tante Anna war ein bißchen enttäuscht: „Sall dann dos schiggen, wos do uff'm Dische stid, orrer kimmed noch wos?

Dä hod awwer kleene Krebbeln hie in Kassel!"

Beim Einsteigen in den Bus kam dann auch der vom Pfarrer erwartete Kommentar: „Herr Parr, wechen dissen boor Scheßdengern sin mä nu no Kassel gefohren!"

Als Pfarrers 5. Kind geboren werden sollte, da hatte es die originelle Tante Anna auch gehört: „Parsch krichen nomo en Kend!" „D'r Parr muß doch verregd sin," war ihre erste Reaktion. Aber das mußte ja doch noch mal richtig besprochen werden. Nach dem Gottesdienst beim Verabschieden entspinnt sich folgendes kurze Gespräch: „Herr Parr, stimmed dann dos, doß wirre wos üngerwächens äs bie üch?" „Ja, Tante Anna, wir kriegen noch mal ein Baby!" „Kerle,", spricht sie wie aus der Pistole geschossen, „Kerle, mä merged doch, wär väle Zidd hod!"

Die Kirchengemeinde Metze macht einen Ausflug. Es soll das Kloster Corvey bei Höxter besucht werden. Die Stimmung ist schlecht. Es regnet in Strömen. Die ersten Unmutsäußerungen kommen auf, werden laut: „Wäre me doch nur d'rheeme geblewwen!" „Mä sin nix wärd, will's als rähnd! Wenn me mid d'm VdK wegfohren, schinnd immer de Sonne - bie'm Parr rähnd's mehrschdendeels!" In Höxter soll eine Kirche besichtigt werden. Pastor Pannekoken fängt bei den Gründervätern an, die ersten schlafen ein, draußen scheint die Sonne. Nach einer guten Stunde entreißen wir uns dem Pastor und fahren zum Kaffee nach Corvey, es fängt wieder an zu regnen.

„Was machen wir jetzt? Besichtigen wir das Schloß?" „Wos wumme dann do, als de ahlen Näsder ohngugken?" „Dann gehen wir auf den Friedhof, da liegt Hoffmann von Fallersleben begraben!" Da spricht eine ältere Frau: „Wos sunn me dann do? Gräwer hon me in Metze au!"

„Ö D'R PORR SOLL NOCH SIN DEEL KRICHEN"

Wos es inse Porr so frindlich"! No n'r öggemenischen Hussich sprichd dann d'r sehr nedde un liewe katholische Porr fär insen: „Lieber Amtsbruder, ich wünsche Ihnen einen vom Herrn gesegneten Sonntag und dann noch ganz herzliche Grüße an die Frau Gemahlin." Un wos sprichd inse Porr: „Danke, gleichfalls."

„HÄ IWWERDRIEWED'S EN BIßCHEN"

In eenem Dorfe bie Woowern lääwede mo en Porr, es wohr je ogger ö nur so'n ohlieweliches Männchen, där koomb d'n Lieren als so sisse. Un dos kunnden sä dann ö nid gelieren. In sinnen Prärichden riwwelde hä sich als die Hänge un wung se hin un här: „Ihr lieben Kinderlein, dies hat uns der Herr heute zu sagen!" Un in dissem hin güng es als dann ne halwe Stünge. Sä kunndens bahle nid meh geheeren. Nu hadde hä d's oochde orrer wohrsch sogohr d's niende Kend von sinnem Nochber-Kollechen als Padde gehoowen und so mußde hä dann ö bie däm Kenge immer mo guggen, abborde uff sinnem Gebuchdsdooche.

Sinne Fröh - es wohr so ne resulude - bassde eechendlich gor nid bie enn, awwer uff d'r angeren Siere kunnde hä froh sin, doß sä so wohr bie sinner Gaggelichkeed.

In eenem Johr komb hä mid sinner Fröh dann eenen Dooch speerer bie sinnem Gorrelkend in de Nochber-Phore. Hä machde ne Brieh un sähde: „Mein liebes Patenkind, wir wären ja gestern so gern zu Deinem Geburtstag gekommen, aber es waren so viele Amtsgeschäfte zu erledigen. Nun, wir haben in stetem Bitten und Flehen Deiner gedacht und Dich wieder aufs Neue der Güte unseres Herrn anbefohlen. Selbst am gestrigen Abend haben wir Dich in unser Fürbitt- und Kollektengebet eingeschlossen!" Sinne Fröh, die noh emme in de Stuwwe koomb, will sä noch's Geschenge im Audo sichen mußde, un die disse Liddernei nu nid mirregekrechd hadde, sähde nur kurz un bindich: „Liebes Patenkind, ich gratuliere Dir nachträglich zum Geburtstag. Hier ist Dein Geschenk. Du mußt uns entschuldigen, wir hatten gestern Deinen Geburtstag ganz vergessen!"

„HÄ WOHR KRANG"

Un disser Porr nu hadde mo so de Gribbe mid hohen Fiewern, doß sä enn no Fritzlar ins Krankenhüss inliwwern mußden. Do wull enn dann ö glich sin Degan üs Fritzlar besichen. Als där dann ohm Bedde stüng, stehnde d'r Porr un fieberde vär sich hin: „Weiche von mir, Satan!" Dodruff sprog de ahle Ordensschwesder gänz geriehrd mid drösdendem Doone zum Värgesezden vom Porr: „Sehen Sie, Herr Dekan, er erkennt Sie schon wieder!"

„KEHRET UM"

Disser Porr nu hadde sich dann wirre uffgerabbeld un machde sinnen Dienst wirrer wie bishär. Nu hadde hä schun immer wos gehn die Liere, die stadd in de Kerche sünndochs in de Werdschafd güngen. Es vergüng keen Sünndoch, wo hä nid uff de Süffer un gehn de Werdshisser schimbede. Es wurde schun fasd ungemiedlich. Awwer irchendwie hadde hä je ö rächd. De Süfferei im Dorfe hadde so zugenummen, doß me sünndochsooweds als de Kerlen hen un herwaggeln soog.

Eemo, äs wor grohre mo wirre Ball gewähn vom Zäächenboggsverene un alle hadden schwer gedanged, do googede hä in d'r Prärichde: „Und immer wenn ich die Männer aus einem Wirtshaus treten sehe, möchte ich ihnen zurufen: Ihr seid auf dem falschen Wege! O, Ihr Männer, kehret um, kehret schleunigst um!"

„DRÖÖMGESCHICHDE"

Hirre Noochd hadde ich so'n wüngerlichen Drööm, dän muß ich üch verzällen: Also, ich stüng vär d'r Dääre von d'r Helle un klobbede ohn un froochde, wär dann alles dodrinne wäre: „Sin dann ö Evangelische drinne?" De Ändword kommb glich: „Jo, meh als genüng!" Ich froochde wirrer: „Sin dann ö Katholiken drinne?" Dodruff googede wär: „Jo, dovonne hon mä ö 'n gänzen Hööfen!" So froochde ich wirrer no d'n angeren Gemeenschafden un immer wirre hieß es: „Dovonne giwwed's hie drüngen ö vähle!" Ich wohr baff. Hod's doch immer geheesen, daß alle von där Sorde orrer von diesser Trubbe nur in d'n Himmel kämen orrer de angeren in de Helle. Nu machde ich mich wirrer on de Himmelsdääre un klobbede un froochde: „Gid's dann bie üch ö Evangelische?" „Nä", wohr de korze Ändwort. Do wurde mä awwer gänds bedrebbeld zumuhre un leese froochde ich no d'n Katholiken, awwer do gobs ö keene im Himmel un keene Babdisden un keene Methodisden un keen von dän angeren Gemeenschafden. Ach, liewer Godd, denge ich, wos salls dann nu gähn? Sin dann inse Liere alle in de Helle gekummen? Un so froochde ich gänz leese: „Wos gid's dann vär Liere bie üch hie im Himmel?"

Do koomb de Ändwort von drinne: „Bie ins gids von disser Sorde nur eene Trubbe un dos sin Chrisden!"

DE GESCHICHDE VOM RUMBELSTIELZCHEN

In eenem Dorfe on d'r Errer läawede vär laangen Johren mo en Miller. Hä wohr riche un hadde vähle Väh, Gesinge, 'ne Fröh un Kenge. D's ällesde wohrsch Mardchen, en hibsches Dengen von bahle ninzähn Johren. Nu wohr d'r Miller mo biem Kurferschden in Kassel ingelohren un will hä sich vär dissen vährnähmen Manne digge duhn wullde, sprog hä: „Ich hon d'rheeme 'n Määchen, dos es nid nur hibsch, dos kann ö Stroh zu Gold verspennen!" Nu weesd du je ö, disse Kerlen, ob se nu Firschden sin orrer Keeniche, sä hon alle d's Geld un's Gold gärne. So krichde inse Kurferschd glich blange Ööchen un sprog: „Müller, sofort machst du dich auf den Weg zur Mühle und holst Deine Tochter. Sie soll für mich arbeiten!" Do krechde d'r Miller doch 'en Schreggen, will sin Mardchen nu alles bahle kunnde, awwer bloß keen Stroh zu Gold verspennen. Awwer nu hadde hä's gesähd un nu mußde hä ö dozu stinn, d'r ahle Cloowes. Hädde hä doch bloß sin Müll gehahlen. So güng hä heem un ließ d'n Kobb bämbeln. Sin Mardchen mußde sich feine mahn un hä güng mid emme am angeren Moien wirre uff Kassel los un brachde sin Määchen bien Ferschden. Es wußde gor nid, wos dos alles zu bedieren hadde un hä wich sinnen Froochen als üss. Nu stüng dos ohrme Dengen vär sinnem Ländesvooder un schludderde mid'n Knien. Där güng glich uff es los, nohmbs bie d'r Händ un zoog es in eene große Stuwwe, die bis oowen hin vull Stroh gestobbed wohr. „So," sprog hä, „mein liebes Kind, hier ist nun das Stroh und dort steht das Spinnrad und nun hurtig an die Arbeit. Bis zum Morgen mußt Du alles Stroh zu Gold versponnen haben, sonst geht es Dir schlecht!" Sähd's, bahfde de Deere zu, schloß ob, un ließ d's ohrme Mardchen allene in disser großen Strohstuwwe. Es sassde sich glich uff so'n Gebünd un gresch, gresch und gresch, doß de Miese vär Midleed mirregreschen. Ach, hädde doch d'r Miller ö de Schnudde gehahlen. Awwer de Männer sin so. Sä wunn sich immer digge duhn un angere kunns dann üssbohren.

Uff eemo stüng vär insem Mardchen so'n kleenes Männchen mid eenem laangen Boorde un sprog: „Gurre'Noowed Millersch Määchen, wos krischesd du dann als?" „Ach", sprog es dodruff, „min Vooder hod sich biem Kurferschden diggegedohn, ich kinnde Stroh zu Gold spennen, un nu sall ich's ö un kanns doch nid." „Wos krich ich dann, wenn ich dä disse Ärwed obnemme?" froochde d's Männchen. „Wos hon ich dann? Verlichde dissen Reng hie in minnem Fenger. Hä äs von minner Gorrel. Wed dann dän hon?" „Jo", sprog dodruff d's Männchen, „Dän nemme ich. Läh du dich uff's Stroh un ich ärwere." So schluf es in un hä machde schnur-di-burr-di un eene Spuhle wohr vull. Un so wirrer un als es Moin wohr uns Määchen de Ööchen uffschlug, do wohr alles Stroh zu Gold verspunnen. Es machde vär Freere als d's Müll uff un zu un wußde nix zu sprähn. Do nohmb hä d'm Määchen d'n Reng vom Fenger und verzooch sich; will ö schun d'r Kurferschd ninkoomb. Sinne Ööchen wurden immer grisser, als hä dissen Hööfen von Golde soog.

Hä loowede d's Millerschmäächen scheene, awwer, wie dis bie dissen Kerlen äs, hä kunnde d'n Hals nid vull krichen. Im Gejendeel, hä krechde jedzd irschd so richdich Losd uff noch meh un noch meh Gold. Deshalb fuhrde hä d's ohrme Mardchen am Oowed in noch ne väl grissere Kammer, die bis oowenhin vull Stroh log un sähde: „Bis zum Morgen mußt Du alles Stroh zu Gold verspunnen haben, sonst mußt Du sterben!"

Sprogs un donnerde de Dähre wirre zu, richelde ob un luß dos ohrme Määchen mid dissen gänzen Banzen von Stroh alleene. Wos wull es nu mahn? Es gresch bis dann dos Männchen wirre üs d'r Egge koomb: „Gurre'Noowed Millerschen, wos grischesde dann wirre so, ich kanns awwer bahle nid meh geheeren!" Do gresch d's Määchen noch lührer un sprog: „Do, do gugg dä mo disse Stuwwe von Stroh ohn un dis sall ich bis Moienfrie zu Gold gespunnen hon. Sisden, wenn ichs nid kann, muß ich stärwen; un da sall ich nid krischen?" Dodruff sprog nu d's Männchen wirre: „Wos gisd du mä dann, wenn ich dä ö dismo hälfe?" Dos ohrme Määchen hadde nu noch von sin Mudder ne kleene Halskerre un die wulls emme gähn, wenn hä nu ö wirre behilflich wäre. Dos Männchen worsch nu zufrerre un es güng wirre schnurr-di-burr-di un eene Spuhle wohr vull un als so wirrer wie om Väroowed. D's Määchen wohr vom vählen Grischen ingeschloofen und d's Männchen machde als schurr-di-burr-di bis de Morjensonne in de Schiewen hinschin. Do wohr de Ärwed gedohn uns Määchen schlug de Ööchen uff. Ach wos wor es do so froh, doß dos Männchen emme d's Läwen geredded hadde. Es bedangede sich bie emme un gob emme de Kerre, awwer do güng schun d'r Schlissel in d'r Deere un d'r Kurferschd koomb nin. Ach, wos hod hä do wirre de Ööchen uffgeressen, als hä dissen Hööfen Gold soog. Hä wohr so baff, doß es emme de Sprooche verschlohn hadde, wos sisden nid so lichede vährkoomb. D's Männchen hadde sich awwer glich dinne gemachd un wohr nid meh zu sähn. Nu doochde inse Määchen, es kinnde nu heem un es wullde sinnem Vooder awwer so richdich Bescheed stussen, will hä emme je disse Sache ingebrogged hadde. Awwer, Piffendeggel, d'r Kurferschd wull noch meh hon. Hä wohr gänz d'rnääwen un soog nur noch d's vähle Gold. D's Määchen defde nu nid heem. Es mußde essen und kunnde schloofen un am Oowed, do brachde hä es wirre in eene Stuwwe, awwer wos späh ich, es wohr meh en Sool als ne Stuwwe un wirre vull mid Stroh. „So," sähde hä wirre, „liebes Mädchen, hier habe ich noch einmal eine große Menge Stroh. Wenn Du sie mir bis Morgen versponnen hast, dann wirst Du Kurfürstin. Ich werde dich heiraten. Auch wenn Du nur eine Müllerstochter bist, eine reichere Frau kann ich gar nicht finden. Solltest Du aber dies nicht schaffen, dann mußt Du sterben!" Dä, do wohr hä schun nüss un es sass wirre zwischen d'n Strohgebüngen un kresch. Wie an d'n Oeweden värhär, do koomb dis Männchen un froochde: „Wos krischesde dann, Määchen. Hosde dann wirre wos zu dunne gekrechd?" Dos Mardchen niggede bloß un schlug de Hänge iwwer d'm Kobbe zusammen. Do sprog dos Männchen: „Määchen, wos gisd du mäh dann, wenn ich dä dissen Banzen Stroh zum Golde spenne?" „Ich hon nix meh, ben so ohrme wie ne Kirchenmüss." Do knibbede d's Männchen de Ööchen zu un sprog leese: „Wenn Du Kurfürstin bist und nach einem Jahr ein Kind bekommst, dann gehört es mir. Wenn Du mir Dein erstes Kind versprichst, dann will ich Dir noch einmal helfen!" Will d's Männchen es so bidderernsde minde, schwadzde es uff eemo nid bladde sondern värnähme. Dos Määchen sullde es gänz genau mergen, imme wos es emme güng. Awwer wos wull dos dann mahn? Es bleb emme je gor nix angeres iwwerich, als emme d's Kend zu verheesen in sinner großen Nood. Un ferdich obgemachd, d's Männchen sullde d's Kend hon. So machde sich dos kleene Kerlchen on de Ärwed un d's Mardchen schluf vär lauder Angesd und Gekrische in. Als es dann am Moien wirre de Ööchen uffschlug, do wohr ö disser große Sool voll mid Gold.

No langem Hin- und Här frichede dann d'r Kurferschd d's

Millerschmäächen un d'r ahle Miller, disser Bloosenkobb, wohr noch stulz, wos hä nu ferdichgebroochd hadde. Wies dann so äs, no'm Joore kommb dann ö d's irschde Kend un de Kurferschdin doochde schun gor nid meh on dos Männchen. Sä glööwede: „Hä wirds vergässen hon."

Awwer eenes Ooweds, wie sä grohre d's Kend drechelächen wullde, do güng de Dääre uff un d's Männchen stüng in d'r Stuwwe: „Gurren Oowed, Kurferschdin, hie ben ich nu un wells Kend hullen." Do krechde sä 'n Doorenschreggen un gresch wirre un flehde en ohn, ähr doch d's Kend zu lorren.

Do hadde hä Midleed un sprog: „Wenn du mä in drei Doochen sprähn kannsd wie ich heese, dann kannsde d's Kend behahlen. Kimmesde awwer nid uff minnen Nohmen, dann gehirrds mä!"

So güng hä weg un sä saß mid d'm Kenge uff'm Ohrme un gresch in ährem Unglügge. Awwer sä berabbelde sich dann ö wirre un iwwerlähde, wie d's Männchen heesen kinnde. Schreb sich alle Nohmen uff, die ähr infillen. Sä schiggede ö Booren üss, die iwwerall in angeren Derfern heeren sillden, wie do de Mannskerlen hießen. Om irschden Oowed koomb d's Männchen un froochde: „Na, Kend, wie heeß ich dann?" un es zällde uff: „Karle, Henner, Willem, Kurrod, Zill, Baalzer, Euje, Schorsche, Jerje," awwer d's Männchen, dis Oosd, sprog jedesmo un grinsde d'rbie: „Nä, nä, so hees ich nid!" D'rledzde güng hä weg un sprog: „Also, bis Moin un loß dä noch en boor Nohmen infallen." De gänz Noochd loog sä wach, laas in ahlen Bichern wie de Männer genännd wurden, frooche d'n gänzen nächsden Dooch in d'r Nochberschafd rimhär, wie se von frieher de ahlen Liere genännd hädden, un hadde wirglich am Oowed, als d's Männchen koomb, väle hibsche Noomen biesammen: „Heesesd du dann Hammelbeen, Ribbenbiesd,

Firchdegodd, Molgenstoffel, Ossenkobb?" Awwer wie sich's Männchen ö kabudlachde, immer sprog es d'rledzde: „Nä, so heeß ich ö nid!" Als es dann güng, sprog es vär d's ohrme Mardchen: „ Und Morgen hole ich Dein Kind!" Un wirre kresch es de gänze Noochd un wußde vär Angesd nid wohinne. Am angeren Moien koomen de Booren von iwwer Land un hadden väle Noomen, awwer es wohren keene nüchen meh d'rbie. Als es dann d'r Nümmedooch wohr, do koomb als ledzder Kerle, d'r dreue Johann bie sinne Herrin un sprog: „Määchen, ich ben iwwerall gewähn, hon in allen Eggen mich immergehurrd, awwer nüche Noomen hon ich ö keene gefüngen. Awwer hirre Noochd äs mä doch wos wüngerliches iwwer d'n Wäch gelööfen. Als ich do hingen im Kellerwahle derch de Hegge güng, do soog ich uff eemo 'n Fierschinn un will ich doochde, me kinnde do iwwernoochden, ben ich druffzugegin. Do wohr uff so ner Lichdünge en kleenes Hischen un vär dissem Hüngehiddchen, do hadde währ Fier gemachd un dos wohr verlichde son kleenes Ärbel-Männchen. Dos hibbede als imme d's Fier rimhär un sung als un krähde: „Hirre bagg ich, moien brau ich, un iwwermoien hull ich d'r Kurferschden ähr Kend. Ach wie gud doss niemand wees, doss ich Rumbelstilzchen hees." Ach, wos wohr d's Mardchen so froh, als es dän Noomen vom Männchen wußde. Es driggede als d'n Johann un kresch un lachde in eenem Ööche. Nu koomb d'r Oowed un richdich, als es oochde schlug, do güng de Dääre uff uns kleene Männchen koomb in de Stuwwe: „Na, gurre Nowed, Fröh Kurferschden, nu well ich ähr Kend hullen, orrer weesde, wie ich heese?" Un sä füng dann ohn: „Heesesd du dann Heiner?" „Nä, so heeß ich nid!" „Orrer heesesd du dann Kurd?" „Nä, so heeß ich nid!" „Orrer heesesd du ohm Enge Rumbelstilzchen?" Do wurde dos kleene Männchen ridzerood vär Wuud im

Gesichde un kresch un googede als: „Dos hod dä d'r Deiwel gesähd, dos hod dä d'r Deiwel gesähd!" Un dann hibbede hä als in de Heh un donnerde d'n Fuss uff de Ähre, doß de Schiewen in d'm Schange kliwwerden. Un d'rledzde nohmb hä sinnen eenen Fuß mid zwäh Hängen un reß sich sälwer medden derch. Un es dohd en Donner un en Krach un d'r gänze Kerle wohr im Fußborren verschwüngen.

Sisde, un do hadde de Kurferschden mid ährem Kenge Ruh un sä lähweden lange in Frehre un wenn sä nid gestorwen sin, dann lähwen se hirre noch.

DER STRUWWELBEDA
IN NIEDERHESSISCHER MUNDART

Zum Ohnfange

Bie wän kimmed's Chresdkend uff de Ähre?
Bie gurre Jüngen un liewe Mähre.
Wenn sä biem Dische de Sobbe essen
dobie ö d's Brod jo nid vergässen;
wenn sä ohne Gegooge un Gekrische,
hibsch spählen on ährem Kengerdische;
de Modder fein ons Hängelchen paggen
un nid so rammeln wie de Schlaggen,
krichen sä Gurres in eenemhin
un'n Bilderbuch, dos deff's ö sin.

Gugg här - gugg hie - do stehd da
pfui␣där Struuwelbeda.
Hä hod sich de Nähle nid schnieren lorren,
sin Kudzelkobb äs gänz verworren.
D'r Hoorschnierer hod en schun ewig nid gesähn,
un so lange äs hä ö nid in d'r Bohrewanne gewähn.
„Pfui Deiwel", schudderd sich do en jeda,
de eegelicher Struwwelbeda.

Dos Dengen vom Saras Fredz

D'r Friederich, d'r Friederich,
dos wohr en Huddich, spräh ich üch.
Hä füng de Fliechen im Stall un Hüss
un reß en glich de Fidche üss.
De Kadzen, die hod hä geschlohn,
d'm Hünge immer wos ohngedohn.

De Vehle, die schmess hä mid Steenen,
un ähre Stiehle, de ahlen, scheenen,
hod hä in Broggen mo geschlohn,
om Friedrich wohr nix Gurres drohn.
Un wohr hä mo gänz üss'm Hisschen,
verdonnerd hä sogohr ähre Lisschen.

Om Burne ständ mo Dibbels Hünd,
soff Wasser do, wos je gesünd.
Dos soog d'r Fredz un doochde sich:
„Die Redde do, die blädsche ich."
Hä nimmed glich druff eenen Knibbel,
un schlidd d'n Hünd, 's wohr där vom Dibbel.
Un dabchd dos ohrme Dier un schlidd,
me heerd's Gegooge wer wees wie wid.
Doch do hod en d'r Hünd gebessen,
d'n Knibbel hod d'r Fredz geschmessen
un hod geggoged un geanged
uff eenem Fusse heemgewanged.
Vär emme här lief Dibbels Redde
un lähd d'n Knibbel uff dos Bedde.

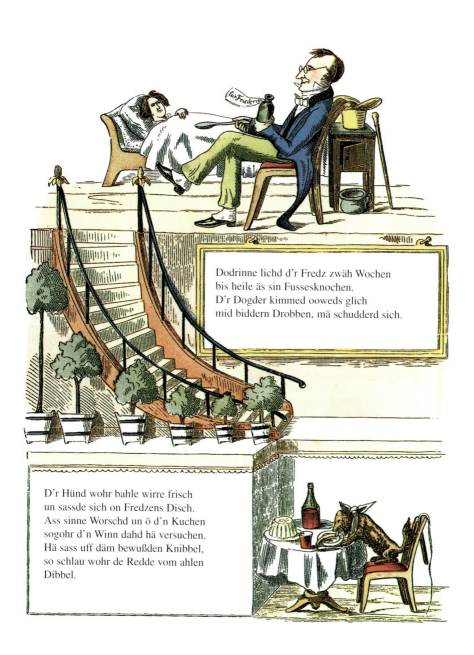

Dodrinne lichd d'r Fredz zwäh Wochen
bis heile äs sin Fussesknochen.
D'r Dogder kimmed ooweds glich
mid biddern Drobben, mä schudderd sich.

D'r Hünd wohr bahle wirre frisch
un sassde sich on Fredzens Disch.
Ass sinne Worschd un ö d'n Kuchen
sogohr d'n Winn dahd hä versuchen.
Hä sass uff däm bewußden Knibbel,
so schlau wohr de Redde vom ahlen
Dibbel.

De schlemme Begäwenheed mid'n Strichhilzern

Baulinchen wohr gesd gänz alleene.
Vär Kenge äs dos ö mo scheene.
So hibbed es nu hin un här,
derch alle Stuwwen, kridz un quär.
Do soog's uff eemo vär sich stehn,
de Strichhulzschachdel, o wie scheen.
„Ach", sprog es do, „gugge mo hin,
dos muß doch wos zum Spählen sin.
Jedzd steg ich me so'n Hilzchen ohn,
wie's inse Modder ofd gedohn.

Doch Minz un Munz de Kadzen,
erhähwen ähre Dadzen.
Sä drohen mid d'n Pooden:
„D'r Vooder hod's verbooden.
Miau! Mio! Miau! Mio!
Loß stinn, sisd brennsde lichderloh!"

Baulinchen hirrd de Kadzen nid,
es äs dos Lichd, wos es nur sid.
Dos flaggerd losdich, zugged wild,
du sissd es jo uff dissem Bild.
Baulinchen awwer freid dos sehr,
es hibbed als nur hin un här.

Doch Minz un Munz de Kadzen,
erhähwen ähre Dadzen.
So drohen mid d'n Pooden:
„De Modder hod's verbooden.
Miau! Mio! Miau! Mio!
Schmiß weg, sisd brennsde lichder-
loh!"

Un dä! Dos Kleedchen fänged Fier:
mä sid's uff dissem Bildchen hier.
Es brennen Ohnziehwerg un Hoor,
es brennd dos gänz Kend sogoor.

Un Minz un Munz de ohrmen,
krischen als zum Godderbohrmen:
„Herbie, herbie, wär hilfd ins dann?
Wo äs de Fröh, wo äs dr Mann?
Im Fiere stid dos gänze Kend,
dos ohrme Määchen, es verbrännd.
Miau! Mio! Miau! Mio!
Zur Hilfe, es brennd je lichderloh!"

Verbrännd äs alles gänz un gohr,
dos ohrme Kend, mid Hüd un Hoor.
Bloß noch de Äsche sid me nu,
un d'm Baulinchen sinne Schuh.

Un Minz un Munz sä krischen,
duhn sich de diggen Drähnen wischen:
„Miau! Mio! Miau! Mio!
Wo sin dann nur de Ellern, wo?"
De Drähnen schießen nur so nüss,
wie bim Bache hinger'm Hüss.

Dos Dengen vom ahlen Cloowes un d'n frechen Jüngen

In Kassel güng mo, es äs wohr,
spazieren so en kleener Mohr.
De Sunne schien so heeß wie nie
do spannd hä uff sin Pareblüh.
Do komb d'r Luude ohngerännd
un hod en Fähnchen in d'r Händ.
Ö d's Käsberchen stallde sich jedzd in
un beß in sinne Bredzel nin.
D'r digge Willi wohr nid füll,
sin Reefen hibbed hoch wie'n Güll.
Die googeden un lachden als
dos Mohrchen üss, mid vollem Hals.
Sä lachden gohr wie ungescheed,
wie däs uff diessem Bilde sähd.
Dos Mohrenkend krichd weeche Knie
un leefd schnell wäg, dä sähd's je hie.

Do koomb d'r Ahle arch in Raasche
iwwer disse eegliche Bagasche.
Hä pagged de gänze freche Schwidde
on ähren Hooren un imme de Midde,
un dugged se ineenem hin
rechd dief ins Dindenfaß nu nin.

Dos Käsberchen riefd: „Feurio!"
Es pagged en d'r Nicolo.
Hä wohr vär Angesd doorenblaß
un mußde doch ins Dindenfaß.

Nu gugged hie, de schworzen Kenge,
de Dinde dreeched je im Wenge.
De Forwe awwer, die sidzd fesde
un bliewed drohne bis d'rledzde.
Sä wohren noch schwärzer bis zu'n Ohrchen,
als disses kleene, hibsche Mohrchen.
Där vorneweg im Sonnenschinn
de frechen Jüngen hingerdrin.
un hädden sä nid so gelachd;
häd Cloowes sä nid schworz gemachd.

D'r wille Jäächer

Äs zoog d'r ahle Jäächer Bloose,
sin Jägchen ohn un ö de Hoose,
on emme wohr idzd alles griene,
so güng hä nüss, mid willer Miene.
Sin Flindendengen samd Lumbaasche
die nohmb hä mirre, gänz in Raasche.

Sin Brill, do'had hä uff d'r Noose,
dood schießen wull hä idzd d'n Hoose

Dos Häschen sidzd im
Blädderhüss,
un lachd d'n willen Jäächer üss.

D'r Wääch wohr wid, de Sunne schind,
d'r Bloose denged sich un mind:
„Ich brüche idzd irschde mo Ruh",
lähd sich, un machd de Ööchen zu.
Wie hä nu lichd im grienen Groose,
do kimmed glich d'r schlaue Hoose
un nimmed heemlich Flind un Brill,
un hibbed weg gänz sachd un still.

Dos Brill, dos bassd d'm kleenen Hoose,
hä sedzd es sich glich uff de Noose.
Un schießen well's üss däm Gewähr,
d'r Jäächer awwer gogged sär,
hä krischd un bralld un wird nid miere:
„So hälfed mä doch, liewe Liere!"

D'r ledzde kimmed nu d'r Bloose,
gejöhd vom kleenen strubchen Hoose
on ährem diefen Brinnchen ohn.
Hä hod'n lühren Krisch gedohn
un hibbed nin, de Nood wohr groß,
do güng d'm Hoos`, de Flinde loos.

Fröh Bloose wohr om Fensder sässen
un hod zum Kaffee Wegge gässen.
De Dasse fill ähr üss'n Hängen,
sä kunnde keene Worde fängen.
D'r Hoose schoß de Dasse dood,
Frau Bloose anged: „Sabberlohd!"
Biem Brinchen awwer sidzd noch eener,
dos wohr d'm Hoose sin gänz Kleener.

Hä huggede im grienen Groose
un krichd d'n Kaffee uff de Noose.
Där googed nur wie gänz verregd:
„Wär hod mich dann do so erschreggd?
Min Hingerschden äs ö verbränd!"
Un hilld d'n Leffel in d'r Händ.

De Geschichde vom Dümmenludscher

„Kurrood," sprichd de Mudder, „heere mo,
ich well weggen un du bliewesd do.
Sig hibsch aardich ö un fromm,
bis ich wirre bie dich komm.
Un dis eene spräh ich dä,
ludsche nid om Dümmen meh,
will d'r Schnierer mid d'r Scheer`
kimmed wie d'r Blidz dohär,
un de Dümmen schniered är,
ob, als ob's Babier nur wär!"

Kümme äs de Modder drüssen,
well's d'r Kurrood ö schun wissen.
Eens, zwäh, drei, un goor nid füll,
schlubb, där Dümmen äs im Müll.

Do rammeld wär zur Dääre nin;
es wird je nid d'r Schnierer sin?
Jo klar äs häs, un gugg nur hie,
de Scheere hod hä ö d'rbie.
D'r Kurrood did een Krisch in'n angern:
„Hälf mä, Mudder, bie ins did's wangern."
Es hilfed keener, klib un klobb,
de Dümmen schnid d'r Schnierer ob.
Dos Bluud, dos fließd, o weh, o weh,
hä hild de Hänge in de Heh.

Wie de Mudder heem nu kimmed,
mergd sä glich, doß wos nid stimmed.
„Kend, wos äs dann? Ach du Schregg,
wo sin de Dümmen..?" „Sä sin weg!"

De Geschichde vom Sobbenkäsberchen

Dos Käsberchen wohr kuchelründ,
en digges Kend un kerngesünd.
Sinne Baggen wohrend rood un frisch,
un gässen hod hä fein om Disch.
Uff eeme awwer kresch hä als:
„De Sobbe stid mä bis zum Hals.
Ich well de Sobbe nid, es schigget!"
Un hod d'n Deller weggerigged.
„Ich ässe minne Sobbe nid, nä, minne
Sobbe well ich nid!"

Am angern Dooche, gugged här,
do wohr hä schun wos wenicher.
Awwer kümme ständ de Sobbe uff'm Dische,
do gob's schun wirre dis Gegrische:
„Ich ässe minne Sobbe nid, nä, minne
Sobbe well ich nid!"

Om dredden Dooche, Vooder hinne,
do wohr dos Kend schun rabbeldinne.
Sä kochden digge Gärschdensobbe,
d'r Kasber schiddeld mid'm Kobbe:
„Ich ässe minne Sobbe nid, nä, minne
Sobbe well ich nid."

Om verden Dooche, kann me's begriffen?
do kunnde me derch sinne Ribben piffen.
Drei Pünd hod hä idzd noch gewechen,
un wohr so derre wie son Rechen.

Om finfden Dooche, welch eene Nood,
do wohr dos ohrme Kend schun dood.

De Geschichde vom Zabbel-Philipp

„Philipp", sprichd d'r gurre Vooder,
„mach ins hirre keen Deooder.
Om Dische sidzd me stille!"
De Modder gigged därch de Brille,
sä sprichd keen Word, sä gigged bloß,
do güng de Rammelei schun los.
D'r Philipp denged: „Gugg hibsch derch's Brill,
ich mah idzd nur dos, wos ich well."

Hä wuggeld
un schuggeld,
hä rabbeld
un zabbeld
uff'm Stuhle hin un här
wie soh'n ahler Kirmesbär.
Do hirrd hä schun d'n Vooder mähren:
„Philipp, du sad ufferheeren!"

Gugg, dä Kenge, gugged ohn,
wos d'r Philipp alles konn.
Uff'm Stuhle, guggd nur hen,
rammeld hä sich gor so schlemm.
Bis disser dann no hingen filld,
do äs dann nix meh, wos en hild.
No d'r Zwähle pagged hä un gedzt,
d'r Vooder, där äs gänz endsedzt.
Es hilfd nu nix, dos Dischgemähre,
filld mid Gerabbel uff de Ähre.
Un de Mudder giggd stumm
uff'm lerchen Disch herum.

D'r Philipp äs nu gänz verstegged,
de Zwähle hod en zugedegged.
Wos de Familche wullde ässen,
dos kunnden sä gedrohsd vergässen.
Sobbe, Brohren, d's gänze Ässen,
alles hod hä robgerässen.
De Sobbenschissel äs in Fedzen,
Kerle, idzd wirds Schlääche sedzen.
De Ellern sin mid Rächd voll Zorn,
üs ährem Essen äs nix geworrn.

Dos Dengen vom Hanns-Gugg-in-de Lofd

Uff'm Schulwäch hod d'r Hans
on jedem Moin voll un ganz
als nur in de Heh gestarrd;
wohr in de Veele gänz vernarrd.
Uff de Ääre gogg hä nid,
sid ö nid wo hin hä dridd.
Alle sin glich weggesprüngen:
„Achdüng vär d'm Lofd-gugg-Jüngen!"

Dibbels Redde wullde doowen,
d's Hänschen gigged nur no oowen.
Keener googed: „Bass doch uff",
d's Hänschen demmeld fesde druff.
Un schun lichen uff d'r Ääre
Hund un Hänschen im Gemähre.

Eemo güng hä on de Edder,
es wohr so'n hibsches Härwesdwedder.
De Dasche wohr in sinnen Hängen,
vom Himmel kunnd hä d'n Bligg nid wängen.
„Uff d'r Ääre bin ich eh,
drum gugg ich liewer in de Heh."
Un so rammeld hä mid Brass
in de Edder, die wohr nass.
De Fische stinn in eener Riche,
„Gugd hin, idzd gid's ne Wasserliche!"

Noch eenen Schridd, es äs bassierd,
ins Wasser äs hä redderierd.
De Fische hon sich arch erschregged
un sich on eenem Steen verstegged.

Zwäh Angler awwer, ach wie scheen,
die hon den Hänschen-Plätsch gesähn.
Mid laangen Stangen sin sä kummen
hons Hänschen sachde uffgenummen.

Gugg's Hänschen ohn, äs es keen Spaß,
do stid hä nu, so blädschenaß.
Dos Wasser leifd d'm ohrmen Kenge,
de Ange nünger on de Hänge,
von d'r Hoose in de Schuh,
de Zähne glabbern Dagd dozu.
Frieren duhd hä wie'n Hünd,
sone Wasserkur äs nid gesünd.

Doch de Fische kummen glich
lachen als un freien sich.
Steggen d'n Kobb zum Wasser nüss,
lachen d's Hänschen fesde üss,
lachen, bis de Drähnen kummen,
de Mabbe, die äs weggeschwummen.

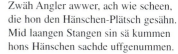

De Geschichde vom wedderwengschen Rooberd

Wenn's drüssen rähnd un wengich äs,
dann denged jeder: „So'n Schäß!
Mä bliewen drinne, gehn nid rüss
un guggen hibsch zum Fensder nüss.
D'r Rooberd doochde: „Dos äs scheen,
ich well nu grohre rüss mo gehn.
Hä nimmed Rähnscherm ö un Huud;
in Pidschen hibben, dos duud gud.

D'r Wend äs nu zum Storme woor'n,
hä bieched Beeme als wie Korn.
Gugg hie, d'n Scherm pagged d'r Wend
un heewed hoch, dos gänze Kend.
Es fliechd d'r Rooberd hoch un wid,
so hälfed emme, liewe Zid.
Schun stißd hä on de Wulgen on
un ö de Kabbe süßd d'rvon.

De Wulgen sin schun üngendrünger.
D'r Rooberd krischd, wos jo keen Wünger.
Sin Käbbchen fliechd vär emme nüss,
schun sid hä goor dos Himmelshüss.
Wo's Rooberdchen äs hingefloochen,
dos wees keen Mensche meh zu soochen.

ZUM GURREN SCHLUSS VON DISSEM BUCHE

Eene Fröh üs Großenengels hod mä disses Dengen verzalld. Sä wohr als jünge Fröh vom Sudedenlande no Großenengels verschlohn worren. Un do hadde sä dann ö gefriched un de Posdstelle iwwernummen. Eenes Dooches koomb so'n ahler Buure in de Hilfsstelle un sähde: „Määchen, ruf doch mo in Fridzlär bie d'r Viehverwerdünge ohn un spreg enn, sä sun ins 'ne Dogge brengen, awwer keene, die bremsch äs!" Dos wohr d'r jüngen Fröh doch so'n bißchen zu vähle an Informadione un sä minnde: „Herr Meier, rufen Sie doch bitte selber an. Ich wähle die Nummer und Sie sprechen mit den Leuten von der Viehverwertung." Dos wull hä awwer ned, d'r ahle Bursche: „Nä, Määchen, ruf du nur ohn, ich pagge disses Deiwesldingen nid ohn!"

Dodruff nu wirre de jünge Fröh: „Und, Herr Meier, wenn die in Fritzlar keine Dogge haben, darfs denn auch eine andere Rasse sein?"

Kantzes kummen mo wirre vom Zäächenboggsballe heem un sin besder Stimmünge. Sä sänged als so vär sich hen un froochd ähre bessere Hälfde: „Karle, nu spreg mä doch no, wohren dann hirre beim Balle väle Fröhn schinner als ich?"

„Nä, nä, min liewes Schädzchen, du wohrsch de hibschesde von allen!"

„Sisde", sprichd do de Umma, „dos hon ich so gärne on dä, doß de immer so lieb un nedd besd!"

„Un so feiche", murmeld d'r ahle Knatz vär sich hin.

Knatzes Opa geht spazieren. Seine Frau hat ihm mal wieder die Leviten gelesen und davon muß er sich erholen: „Kerle, nä, wo hon ich dann nur minne Ööchen gehad, als ich diesses Gewiddermensche gefriched hon?" Da sieht er einen Hund über die Straße laufen und fuchteld wild mit den Armen. Aber da hilft auch nichts mehr; ein Auto braust heran und überfährt denHund. Der Autofahrer hält an und bietet 100 DM. „Genügt das?" „Jo, jo", sprichd dodruff unser liebe Großvater. Als dann das Auto weg ist, sagt er nachdenklich: „Nu däde mich doch schun mo interessieren, wäm disse Redde mu gehurrd hod!"

D'r Ubba schwärmed: „Om schinsden von allen Vereenen äs doch inse Gesangvereen. Wenn me Stünge hon, dann wird gedrüngen, un ö Koorden gespähld un gedänzd."
 „Ja, aber mein Lieber, wird nicht auch mal gesungen?"
 „Doch, awwer fesde, wenn me heemgin!"

Giwwed d'r Kuurd in d'r Schule ohn: „Min Babba hod awwer hirre ne nüche Schribmaschine gekrechd - prima Modell mid allen Schiganen."
 Sprichd d's Hänschen: „Wos well dann din Vooder mid soner Schribmaschine. Hä kann doch nur mid Kiwwen un mid Ossen immegin!"
 „Min Babba hod gesähd: ‚Ich brüche so 'ne Schribmaschine. Wenn ich minne Briewe mid d'r Händ schriewe, dann mache ich doch nur als so väle Fähler!'"

ANHANG

MUNDARTLICHE PASSIONSTEXTE

Diese Texte sind in der Karwoche 1996 geschrieben worden. Gerade die Mundart kann Gefühle wie Trauer, Schmerz, Wut und Verzweiflung noch intensiver als die Schriftsprache ausdrücken.

Hier im Anhang an das humorvolle, lustige Buch wollte ich versuchen, meine innere Stimmung in dieser „Stillen Woche" in einer Form wiederzugeben, die nicht so eingänglich ist, weil das Eingängliche so schnell überblättert und überlesen wird.

Mögen diese kurzen Texte - wenn auch nur ein wenig - den Blick und das Bewußtsein auf den lenken, der unsere Welt so sehr verändert hat, der unser Leben heute noch verändern will:

Auf Jesus Christus, den Sohn Gottes.

Text nach Jesaja 42, 1 - 7

Wenn es dann mo sowid äs
kimmed där, min Knächd,
dän ich am liwwesden von allen hon.

Wenn dä en sähd,
dann säd dä mich.
Wenn dä en dann hered,
kimmed minne Wohrhed in üch nin -
in ücher Oore un in ücher Herze.

Hä wird nid googen un nid brallen
uff d'r Strooße.

Hä wird dos gekniggede Rohr nid
gabuddschlohn
un hä wird dos kleene Flämmchen
gor nid üssbloosen.
Hä wird dos sprähn wos wohr äs,
domirre alle wissen sun,
wos ich well

Gerechdichkeed salls währen
ünger Menschen, dos eens dos
angere dud achden.
So spräh ich vär üch als Vooder:
Gugged üch nur imme
und wos dä sähd, dos äs von mä.
Ich hon alles gud gemachd
d'n Himmel un de Ähre

de Beeme un dos Vääh -
Ich hon üch üche Oohren gegähn
un ich kann en üch ö wirre nemmen.

Fär üch Menschen
äs där uff disse Wäld gekummen,
dän ich rufen wäre.
Wenn du kimmesd, dann
well ich dich hahlen - du min Knächd.
Du sad hingin un sad de Kenge
wirre bie mich brengen -
zerrige sad du sä mäh fuhren.
Lichd sad du sin in disser Weld
die düngel äs.
D'n Blengen sadd du die Ööchen uffmahn
un die gefangen sin,
die sun durch dich zerigge kummen.

Ach, min Bruurer Jesus,
där du die Blummen un de Veele
vär ins gestalld hosd
wodrohne mä dos Wichdichsde
iwwerhööwed lärnen sullden,
Där du nie dos gesähd hosd,
wos die angeren Liere
nid verstinn kunnden -
Där du hingeginn besd -
där du de Kenge und de
Fröhn nid weggeschigged hosd -
Wos hon sä nur üss dä gemachd?
In dinnem Noomen hon sä
verbrännd un gemorded.
In dinnem Noomen hon sä
dich so üssen'angergedrähren
un gezerched un gedilld
un geschwädzed -
un du wullesd doch eechendlich
nur, daß sä lieweden
dän, dän mä ö hirre noch
d'n Vooder nennen.
Sä hadden dinnen Noomen -
nur dich hadden sä nid.
Dä hadden dinn Kridze uff ärer Brosd
awwer du woresd immer wirre
ünger dänen, die
me ohns Kridze geschlohn hadde.

Ach, min Bruurer Jesus,
hosd du wos verännerd?
Hosd du wos bewäched?
Besd du mid däme wos du
wullesd nid doch nur als
vär de Wänd gelööfen?
Sä hon dich nid verstinn -
Sä wullden dich ö nid verstinn.
Sä kunnden dich ö nid verstinn.
Wos du wullesd, wohr nid zu
begriffen
ständ gehn alles, wos sä
sisden erlääwed hadden.
Es wohr fär sä zu schwere zu begriffen.
Om Enge wooresd du alleene,
Du wullesd nid där sin,
uff dän sä schun so lange geworded
hadden -
Du wullesd du sinn:
Kend vom Vooder -
Mached endlich ernsd
mid däme wos hä well -
un sä hon nid gewulld -
sä hon dich obgelähd
un om Kridze güng keen
Wäch verbie.
Un hirre?
Wär glööwen well
un nid din Kridze nimmed,
där hod dich nid begreffen.
Hosd du wos verännderd?

Hosd du wos bewached?
Wo Menschen - un nur do -
wo Menschen sich din Kridze
ufflohren, do
besd du om Wege.

Ach, min Bruurer Jesus,
hon mä ins verlichde nur
von eenem frommen Wunsche
deuschen lorren?
Äs verlichde alles gor nid wohr,
wos sä fär ins gesähd hon?
Wär wees, wär däm Mose
uff d'm Bärche domols
de Gebode gegähn hod?
Hod nid eene Legende
d'r angeren Padde gestinn?
Du hosd din Kridze krechd
un ich min Gehald
derch disse Sache -
un verlichde äs alles gor nid wohr?
Verlichde sin mä gänz alleene?
Verlichde hon die rächd,
die nur dos glööwen wun
wos sä ö sähn
Rendfleesch giwwed eene Sobbe
Sobbe wird geleffed
Geld gid sich üss
Liere wären ahld
Audos rosden un gehn gebudd
Verlichde sin mäh doch nid
so alleene wie me dengen?

Ach, min Bruurer Jesus,
krischen kinnde ich,
un als nur krischen.
Ich säh din Kridze
ich läse dinne Worde
im Buch där Bicher
wie du no dinnem Vooder
gerufen hosd
un hä hod dich
gin gelorren.
Ich kinde krischen
wenn ich dich so
vär mä säh
wie du do hangesd
un keener äs meh vär dich do.
Sä lachen dich üss
un du besd verregd
vär Schmerzen
du besd alleene
von allen verlorren.
Ich kinde krischen
un säh dos Kridze
hirre wie domols
uffgestalld
un Menschen googen
wie du dozumo
Min Vooder - worimme
hosd du mich alleene gelorren?
Ich kinnde krischen
will ich ö nur lache.

Ach, min Bruurer Jesus,
wär hod dich von dinnem Zemmerdische
weggelogged?
Wär hod dich dann nur wie en
Schoof ünger de Welfe gedrewwen?
Worimme besd du nid bie
dinnen Lieren geblewen?
Haddesd du es dann nid gud
bie dinner Mudder,
bie dinnen Brierern un bie
dinnen Schwesdern?
Wullesd du nid frichen
un ö Kenge hon?
Wär hod dich so geschlohn?
Wär hod dä dann dis alles
ingebrogged?
Du hosd keene Fröh
gehad -
keene Kenge sin uff dinnem
Schooße rimgehibbed als nur fremmede.
Wär hod dich ünger de Liere gejöhd?
Wohr dos dann —— Godd?
Där gurre Hirde?
Drei Johre hod's dann nur geduurd
orrer wohren äs gor siwwene -
äs doch egal -
du wohresd sin Wergzeich
wie din Howwel
so wohresd du fär enn - dän Hirden.
Wos haddesd du d'r vonne?
Dos Kridze

un doß se hirrer iwwer
dinnen Noomen lachen.
Orrer ??

Ach, min Bruurer, Jesus,
wos hon sä nur üss dä gemachd?
Wullesd du doch ins,
dän Kengen des Vooders im Himmel,
zeechen,
wie hä ins liewed,
Wullesd du doch ins,
dän geschwädzich läwenden,
zeechen,
wie inse Lääwen eenen Sinn krechd.
Wullesd du doch ins,
dän Wichdichduern un Ohngäwern,
zeechen,
doß mä nid wissen,
wos moien sin wird.
Du wullesd ins wirre zeechen,
dos mä zu irschde geliewed wären
geliewed sin
un so nix angeres kunn, als nur liewen.
Wos hon sä, min liewer Bruurer,
nur üss dä gemachd?
Sä hon dich ohns Kridze geschlohn
Sä hon dich vär ähren Kohren gespännd
Sä hon dich verboochen un
dä - noch in dinnem Noomen -
doch immer wirre ins Gesichde geschlohn.
Wie dozumo d'r Knächd vom Hohenbriesder.
Sä hon üss dä - wos spräh ich dann -
du weesd's je sälwer.
Wos wird nu?
Min Bruurer Jesus - hirrd dos alles dann nie uffe?

Vooder im Himmel
wos hosd du dä dann dobie gedoochd
als du zugelorren hosd,
doß Menschen wurden?
Wurde es dä dann in dinnem
Himmel zu langwillich?
Wenn dos so es
dann giwweds jedzd vähle zu guggen.
Dann gugg uff de Ääre
wos sä so alles mahn,
Sisde, o min Vooder,
wie dos, wos du gemachd hosd
druff gid?
Sisde iwwerhööwed noch,
wie dinne Beeme obgehöchd
un dinne Diere obgeschloochded wären?
Sisde dann, o min Vooder,
wie sich die Schwinne un de
Hinner ingestobbed quälen murren
bes sä endlich stärwen kunn?
Sisde dann, o Vooder,
wie de Weld im Dregge
immekimmed -wie dos Gurre Dregg
un
d'r Dregg zum Obgodd wird?
Wullesd du, als du es zugelorren hosd,
doß Menschen wurden, mid enn spählen.
Jedzd spählen sä awwer ohne dich
un du?
Wos besd du?
Wos spählsd du vär en Spähl?

Orrer äs dä jedzd dos Spählen gor verginn?
Mä kinndes jo verstinn!!!!

Dregg - Unrood -
alles lichd im Groowen
hingeschmessen
ex un hobb
Dregg in de Lofd
Dregg in d's Wasser
Dregg im Kobbe
Dregg wird zum Obgodd
Dregg wird ohngebed
Dregg wird zu Kunsd
bestaund von
Lieren a un o
un wos sich d'r Kinsdler
alles gedoochd hod
un wie mä doch alles verstinn
nein - ist das nicht?
ja - man könnte auch!
Lief da nicht eben
Lief do nid äwen
ein Kaiser vorbei
een Kaiser verbie
mit seinen neuen Kleidern
mid sinnen nüchen Kleerern?
Dregg - und er sah an
alles was er gemacht hatte
und siehe es war sehr gut.
Un Dreg wird d'rledzde
bliewen
von Erde bist du genommen
und im Dreck wirst du zu-
letzt ersticken.

Von Ääre besd du genummen
un im Dregge wirsd du
d'r ledzde erstiggen.

Geschichten aus Nordhessen

...und wenn die Bibel in
viele hundert Sprachen übertragen worden
ist - warum nicht auch in die
niederhessische Mundart?

117 Seiten, gebunden, farbiger Schutzumschlag
Überall im Buchhandel erhältlich

Geschichten aus Nordhessen

Heiteres und Besinnliches vom Leben auf dem Lande.
Erzählt von Pfarrer Dieter Otto

102 Seiten, gebunden, farbiger Schutzumschlag
Überall im Buchhandel erhältlich

Geschichten aus Nordhessen

Heitere Anekdoten um die Rolle des Pfarrers in seiner Gemeinde. Erzählt von Pfarrer Dieter Otto

107 Seiten, gebunden, farbiger Schutzumschlag
Überall im Buchhandel erhältlich